A LA MÉMOIRE

DU T∴ C∴ F∴ CHEV∴

FRANÇOIS PICARD,

SON SECOND SURV∴,

LA L∴ SAINT-CLAUDE

DE LA PAIX-SINCÈRE.

A L'ORIENT DE PARIS.

A PARIS,

DE L'IMP. DU F∴ ROBLOT-GONDAR,

RUE DE LA HUCHETTE, Nº. 16.

M. DCCC. VII.

PLANCHES

ET MORCEAUX D'ARCHITECTURE,

Lus en la L∴ Saint-Claude de la Paix-Sincère, *lors de la Fête funèbre célébrée dans son sein, en mémoire du* T∴ C∴ F∴ PICARD, *son second Surv∴, le* 15me. *Jour du* 8me. *Mois de l'an de la* V∴ L∴ 5807, *et de l'ère vulgaire, le* 15 *Octobre* 1807.

~~~~~~~~~~~~~~~~~~~~~~~~

Extrait du Livre d'or de la L∴ Saint-Jacques-Saint-Pierre de la Bonne-Union, O∴ de Paris.

———

Salut, *Force,* *Union.*

Assemblée générale du 23e. Jour du 7e. Mois de l'an de la V∴ L∴ 5807.

Lecture faite d'une Planche adressée par la R∴ L∴ St.-Claude de la Paix-Sincère, O∴ de
~~~~~~~~~~~~~~~~~~~~~~~~

Paris, au V∴ M∴ POSSIEN ; la L∴ de la Bonne-Union, jalouse de prouver sa sensibilité à tout ce qui peut l'intéresser, et particulièrement à la perte qu'elle a faite de notre C∴ F∴, Chev∴ R∴ C∴ FRANÇOIS PICARD, son second Surv∴ en exercice ; a nommé ses Surveillans Migon, Cambon, et Marion, son Orateur, *Commissaires Députés*, à la Pompe funèbre qui doit avoir lieu en ladite R∴ L∴ St.-Claude de la Paix-Sincère, le 3ᵉ. jeudi du présent mois d'Octobre, à l'effet de la représenter dans ce jour funèbre, où l'amitié fraternelle doit déployer ses sentimens distingués, à la T∴ R∴ L∴ Saint-Claude de la Paix-Sincère, sa très-honorée Sœur et Amie ; en lui peignant combien elle a à cœur d'alléger ses chagrins, en venant mêler sa douleur à la sienne.

Arrête qu'il sera délivré des Pouvoirs auxdits Commissaires, duement scellés et timbrés, pour servir et valoir ce que de raison.

Signé POSSIEN, V∴

Mathieu, Bayic, Doussot, Collot.

Par Mandement de la L∴ de la Bonne-Union,
FRANÇOIS, Sec∴

Scellé et timbré par nous Garde-des-Sceaux, Timbres et Archives, POSSIEN fils.

O∴ de Paris, le 14ᵐᵉ. Jour du 8ᵐᵉ. Mois, de l'an de la V∴ L∴ 5807.

TT∴ CC∴ et TT∴ RR∴ FF∴,

Des devoirs civils et des travaux personnels, aussi imprévus qu'ils sont indispensables, me privent de la faveur de me réunir à vous. Il m'eût été bien agréable de partager des Travaux aussi respectables que ceux qui vous occupent. Pleurer sur l'Urne cinéraire d'un Frère chéri, et s'exciter, par l'éloge de ses vertus, à les imiter; certes, voilà un des triomphes de la Fraternité Maçonique. C'est aussi sous ce point de vue que j'eusse rendu un hommage sincère aux bons cœurs, aux cœurs sensibles, qui ont voté cette Fête funèbre; de tels sentimens, RR∴ FF∴, sont la plus belle apologie de votre Réunion et doublent mes regrets. J'aurais aimé à vous payer cette dette; je dis *dette*, parceque des cœurs bien placés, comme les vôtres, ont droit à l'admiration et à l'amitié de ceux qui les connaissent.

Recevez-en ici, la modeste, mais sincère expression ; et croyez-moi, P∴ L∴ N∴ Q∴ V∴, S∴ C∴ et A∴ T∴ L∴ H∴ Q∴ V∴ S∴ D∴,

TT∴ CC∴ et TT∴ RR∴ FF∴,

Votre très-fidèle et affectionné F∴

Signé SIRET, S∴ P∴ R∴ C∴,

Grand-Aumônier de la L∴ de l'Abéille;
Ex-Vén∴ des O∴ de Chaumont et de Provins.

DISCOURS D'OUVERTURE,
Par le V∴ PAULMIER.

MM∴ FF∴,

Le mois dernier, dans un Temple catholique, nous avons rendu au F∴ PICARD les devoirs religieux. Aujourd'hui, nous sommes réunis dans celui-ci, pour lui rendre les Honneurs Maçoniques. La décoration funèbre qui environne cette enceinte, la consternation générale qui y règne, la tristesse qui sillonne nos fronts, prouvent la grandeur de la perte que nous avons faite, et la sincérité de notre estime pour le 2ᵈ. Surveillant que la mort cruelle nous a enlevé. La société profane a perdu un honnête homme, la Maçonnerie un de ses fidèles sectateurs, les Ouvriers de cet Atelier, un de leurs plus habiles Chefs ; nous tous, un frère, un ami, un modèle. Le F∴ PICARD n'est plus. Cependant quelque légitime que soit notre douleur, il y faut un terme. Le F∴ PICARD n'est plus ; mais son ombre chérie ne nous abandonnera pas. Le souvenir de ses vertus restera gravé dans nos cœurs. Les bons exemples qu'il nous a donné, son urbanité, la douceur de son caractère le rendront toujours présent à notre pensée. Il n'est plus ; mais les Vertus réunies entourent l'Acacia qui l'ombrage. Ses Frères en pleurs environnent son cercueil. Il vécût notre ami. Il emporte au tombeau nos regrets. Nos larmes font son éloge. Je n'entreprendrai pas, mes Frères, de vous tracer le portrait du respectable F∴ PICARD. Je laisse à des crayons plus exercés que les miens, le soin de vous le représenter tel qu'il était, et de vous donner le détail de toutes les vertus civiles et Maçoniques, dont il nous a constamment donné l'exemple.

COUPLETS,

Anciennement composés par le V∴ F∴ MERCADIER, chantés par le F∴ CHEVALLOT, père.

~~~~~~~~~~~~~~~~

AIR: *O ma tendre musette !*

MUSE tendre et plaintive,
Prête-nous tes accens ;
La douleur la plus vive
Pénètre tous nos sens :
Un Frère, hélas ! succombe
Sous de cruels destins ;
Qu'un cyprès sur sa tombe
S'élève par nos mains.

~~~~~~~~~~~~~~~~

Ombre à nos cœurs si chère,
Ne quitte point ces lieux ;
Sois toujours notre Frère,
Sois présente à nos yeux :
Une éternelle gloire
Suivra ton sort mortel ;
Au Temple de mémoire
Brillera cet Autel.

Entends la voix chérie
D'Amis et de Maçons.
Ecoute, elle s'écrie
Par de lugubres sons :
« Ils n'ont pu te défendre
« Des horreurs du tombeau ;
« L'Amitié sur ta cendre
« Rallume son flambeau. »

DISCOURS

PRONONCÉ PAR LE F∴ MARION,

ORATEUR DE LA R∴ L∴ DE LA BONNE-UNION.

MM∴ FF∴,

Tout est changé pour nous. Vous nous voyez accablés de tristesse. Une de vos Colonnes s'est ébranlée ; une de vos Lumières s'est éteinte. Mais, maintenant que nous sommes au milieu de vous, nous éprouvons une bien douce consolation, en voyant sur quelle base solide repose la durée de ce Temple auguste, appuyée sur les vertus du V∴, et sur celles de tous les FF∴ qui composent ce R∴ At∴.

La L∴ de la Bonne-Union, votre sœur et amie, affectée de la perte que vous venez de faire, nous a députe vers vous, et chargé de vous peindre sa douleur. Pour remplir son intention, il me faudrait d'autres talens, une autre science et plus d'habileté. Ma tâche cependant devient moins difficile, puisque la sensibilité m'a fait trouver dans le cœur tout ce qui doit sortir de ma bouche.

Je ne viens pas, MM∴ FF∴, renouveller dans vos esprits le triste souvenir d'une mort que vous avez déjà pleurée. Pourquoi r'ouvrirais-je une plaie que le tems et la raison doivent avoir fermé ? Ce n'est pas, non plus dans l'intention de faire son panégyrique. Il appartient à des plumes plus habiles, à un esprit plus exercé. Pour faire son apothéose, il me faudrait les talens prouvés et reconnus du C∴ F∴ Orateur-adjoint de ce R∴ At∴. Je viens donc seulement partager vos Travaux funèbres, et rendre hommage avec vous aux vertus du Surv∴ qu'une mort cruelle vous a ravi.

Vous l'avez vu, MM∴ FF∴, diriger sa Col∴ avec cette douceur, cette affabilité qui subjuguent tous les cœurs, et maintiennent bien plus l'ordre que cette sévère austérité, dont la rudesse produit souvent l'aigreur et le dégoût. Jamais dans ses Voyages il ne s'écarta du chemin de l'équité. Toujours orné de ses Bijoux, l'Équerre régla constamment ses actions; le Niveau entretint sa parfaite union avec ses Frères; la Perpendiculaire le rendit un des plus solides soutiens de notre Ordre. Toujours occupé d'aiguiser ses Outils sur la Pierre cubique, il les rendit si propres à dégrossir la Pierre brute, que son ame n'était susceptible que de bonnes impressions, et d'élever des Temples à la Vertu. Aussi remarqua-t-on en lui tout ce qui caractérise le vrai M∴; un cœur docile, pour recevoir la Lum∴ et les impressions de la vérité; noble, pour s'élever au-dessus des passions et des intérêts; tendre, pour assister les malheureux; ferme, pour creuser des cachots au vice. Son esprit était susceptible de discerner, non seulement le bon d'avec le mauvais; mais encore le meilleur d'avec le bon: aussi sa sagesse le fit généralement estimer.

N'attendez pas, MM∴ FF∴, que j'ouvre ici une scène tragique; et que je vous fasse remarquer cette Urne entourée de cyprès et de fleurs. Pour émouvoir la sensibilité sur la perte d'un être ordinaire, on surprend ainsi la pitié des auditeurs; et, par des mouvemens étudiés, on tire au moins de leurs yeux quelques larmes vaines et forcées. Avec vous je puis décrire sans art une mort que nous pleurons sans feinte. Chacun de nous trouve en soi la source de sa douleur, et notre cœur, pour être touché, n'a pas besoin que l'imagination soit émue. Ici ma voix s'éteint et peut à peine prononcer qu'il n'existe plus ce Frère que vous chérissiez tant. Tout se ressent de son absence, tout l'annonce. Il ne nous reste que le déplaisir de sa perte et la mémoire de ses Vertus.

DISCOURS

Du F∴ DAVAUX, *Ex - Surveillant.*

MM∴ FF∴,

Nous avons perdu un des Membres de cet At∴ Qu'il me soit permis de jeter sur sa tombe

(13)

quelques fleurs de l'Arbre révéré des Maçons.

Déesse chérie des Enfans de la Veuve! au- guste Vérité! Toi que mon cœur invoque pour éterniser la Mémoire d'un bon Frère, prête- moi ton flambeau, et répands sur cette Assem- blée tes rayons lumineux.

François PICARD, l'une des Colonnes de ce Temple, ancien Trésorier, R∴ C∴, et Mem- bre honoraire de la R∴ L∴ des Cœurs-Unis, n'existe plus. La mort, la cruelle mort l'a frappé! Il ne nous reste de cette précieuse victime que le souvenir de ses Vertus. Ce sont de ces Ver- tus, mes très-chers Frères, dont je dois vous faire le tableau. Mais comment atteindre ce but? Je sens toute mon insuffisance; et dans l'impos- sibilité où je suis de louer notre F∴ d'une manière digne de vous et de lui, qu'il me soit permis de ne vous donner qu'une imparfaite esquisse de sa vie.

Notre Frère PICARD servit sa Patrie avec honneur. Ses Concitoyens lui décernèrent le grade de Commandant de Bataillon, dans les circonstances les plus difficiles de notre Révo- lution. Il montra dans ce poste périlleux le cou- rage froid et l'intrépidité raisonnée d'un véri- table Maçon. A ces brillantes qualités publi-

ques, il en joignait de non moins estimables. Il
était bon ami, bon époux, bon parent. Jamais
la discorde n'osa pénétrer au sein de ses foyers,
où la sagesse et l'amitié fixaient leur séjour,
près d'une épouse qui était chargée, lors de son
mariage, des enfans d'un premier lit. Il lui pro-
diguait sans-cesse tous les soins de l'amour le
plus vif, et donnait à ses enfans les plus grandes
preuves de tendresse. C'est ainsi que la véritable
Lumière éclairait toute sa conduite. Par là, il
justifia le choix que nous avions fait de lui pour
orner l'Occident de ce Temple. Zélé partisan
de nos Lois, il sut toujours faire respecter nos
saints Mystères.

Tel est, mes très-chers Frères, le bon Maçon
que nous avons à regretter. Sa Mémoire sera à
jamais gravée dans nos cœurs. Puisse le Grand
Architecte de l'univers, en recevant nos hom-
mages, le placer au Temple de l'Immortalité !

ORAISON FUNÈBRE,

PRONONCÉE PAR LE F∴ LANGLOIS,

ORATEUR-ADJOINT.

~~~~~~~~~~~~~~~~~~

VÉNÉRABLE QUI DÉCOREZ L'O∴,

FF∴ PREMIER ET SECOND SURV∴

Et vous tous Illustres Frères, qui embellissez cette Réunion, et qui venez confondre vos larmes avec les nôtres.

Mes Frères,

A la vue d'une Assemblée aussi distinguée, il semble que je ne devrais ouvrir la bouche, que pour vous demander grâce en faveur de mes faibles talens. Quoique dépourvu de ceux que vous devez exiger, quand on vient vous parler d'un Frère qui était l'objet de l'estime et
~~~~~~~~~~~~~~~~~~

de la plus sincère amitié de tous ses Frères ;
j'éprouve aujourd'hui un sentiment qui me ras-
sure. La tâche que vous m'avez imposée est
difficile à bien remplir ; mais, je compte sur
votre bienveillance, et dans l'impuissance de
vous satisfaire autant que je le désirerais, je
vous demande la même indulgence que vous
m'avez déjà plusieurs fois accordée. Me fiant
à cette heureuse disposition de votre part, j'irai
chercher dans vos cœurs et dans vos esprits,
ce que je ne trouverai pas dans mes expressions
et dans mes pensées.

Les cendres des Rois et des Grands, quels
qu'ils soient, sont toujours respectées. Vivans
on les trompe ; morts on les loue. C'est la der-
nière des flatteries auxquelles ils sont condam-
nés. Mais cette louange qui rampe à leur suite,
dernier effort de l'adulation expirante, s'éteint
avec les flambeaux qui servent à éclairer leurs
funérailles. Au contraire, s'ils ont été vertueux,
bienfaisans et charitables, ce n'est ni l'usage,
ni la bienséance, ni le respect qui commandent
à la pensée, à l'expression, au sentiment : ce
sont les cœurs qui parlent par leurs regrets,
leurs gémissemens. Leur mémoire est gravée

sur le bronze, et placée dans les Temples du Très-Haut.

Ici, MM∴ FF∴, le lugubre appareil qui nous environne, la profonde consternation, les sanglots de la fraternité, le morne et sombre silence de la douleur, nous annoncent assez qu'un Frère, hier l'objet de notre amitié, l'est aujourd'hui de nos regrets. Il n'est plus.... Il a subi le sort destructeur, indispensablement attaché à tout ce qui respire. La mort, l'impitoyable mort à posé l'intervalle immense qui nous sépare pour jamais; la dissolution de son être est accomplie. L'affreux néant le couvre d e son voile ténébreux et éternel.... Cependant, séchez vos pleurs; ou plutôt tâchez d'en suspendre le cours. S'il n'exista qu'un instant parmi nous; sa mémoire, au moins, ne sortira jamais de notre esprit.

Ne craignez pas, mes Frères, que l'amitié me séduise. Je parle devant une Assemblée, qui a pu, dans tout le cours de la vie de notre cher Frère, apprécier ses vertus. Vous savez aussi, que la flatterie, jusqu'ici, n'a jamais régnée dans les discours que vous avez bien voulu entendre de moi. Oserai-je, dans celui-ci, où

là franchise et la candeur sont le sujet de
notre éloge, employer la fiction et le men-
songe? Ce tombeau s'ouvrirait, ces cendres se
ranimeraient pour me dire : « pourquoi venir
mentir pour moi, qui ne mentis jamais pour
personne ? Ne me rends pas un honneur que je
n'ai jamais mérité, à moi qui n'en voulus jamais
rendre qu'au mérite et à la vertu. Laisse-moi
reposer dans le sein de la vérité, et ne trouble
pas ma paix par la flatterie que je hais. »

Quel est donc dans ce moment de consternation, le genre de la tâche particulière et
douloureuse que nos fonctions nous imposent?
Nous devons consigner sous les voûtes sacrées
de ce Temple auguste, les qualités personnelles
de ce Frère, qui les conserva toujours avec
pureté et sans nuage, pendant le cours d'une
vie, hélas ! abrégée trop-tôt pour des Frères
qui le chérissaient.

Douce Éloquence, prête moi tes charmes; fais
que je puisse tracer le portrait d'un Frère si
justement regretté ; que ton flambeau, dont la
flamme est si puré, ne s'éteigne point durant
le cours de cette narration ; qu'elle brûle dans
mon âme, et se communique aux vôtres. Je

n'aurai pas recours au faste des expressions, le luxe des idées ne convenant point à la simplicité de mon sujet, et à l'amitié surtout qui le consacre à la douleur.

Les qualités qui constituent ce que nous appellons l'homme en société civile, se réduisent à son caractère, à ses mœurs, à son état, à ses inclinations. C'est sous cet aspect que nous devons considérer le T∴ C∴ F∴ François PICARD, notre second Surveillant, et notre ancien Trésorier. Issu d'une famille honnête, le F∴ PICARD reçut une éducation conforme à l'aisance de ses parens. Il embrassa un état qui exige la probité la plus scrupuleuse, et dans lequel il est très-facile de tromper. La franchise, fille de la droiture de l'ame, régnait dans ses paroles comme dans toutes ses actions; franc par principes, autant que par inclination, cette franchise qui tient le juste milieu entre la brusquerie et les tournures de la politique, le faisait aimer, même de ceux qui ne pensaient pas comme lui. La vérité était autant sur ses lèvres que dans son cœur. Les plaisirs de la société où il se trouvait, devenaient les siens; tous les âges, tous les sexes se plaisaient également

avec lui. Gai sans licence, poli sans affecta-
tion, il faisait l'agrément de tous. Jamais on ne
le vit dans les discussions, (quoiqu'ayant toujours
rempli les premiers emplois avec distinction),
affecter une contrariété pointilleuse, qui rebute
la diversité des opinions. Il cherchait toujours
à s'instruire. Si quelques fois il émettait son
opinion avec quelque chaleur ; c'est qu'il était
pénétré de son objet, et qu'il frappait au but
de la difficulté.

Il rendait toujours à chacun ce qu'il lui devait,
et ne mesura jamais les hommes au poids de la
richesse. La pauvreté trouva toujours dans lui
un ami plein de zèle à la soulager. Dépositaire
du Trésor de la Loge, on ne lui entendit jamais
dire qu'il fut épuisé par les bienfaits que la Loge
ordonnait fréquemment. Son amour pour les
malheureux lui fit toujours trouver des ressour-
ces à leurs besoins, et souvent il les soulageait
de sa bourse.

Combien pourrais-je vous citer d'actions géné-
reuses de sa part, si sa bienfaisance ingénieuse
ne nous en avait oté la connaisance ? mais elles
sortiront un jour des ténèbres où il a cru les
ensevelir, pour recevoir l'éclat qu'elles méritent.

C'est à vous, Frères malheureux, que j'en appelle. Avez-vous jamais eu un ami plus parfait ? Confirmez la vérité de ce que j'avance, vous tous qui en avez fait l'épreuve.

Tant de qualités réunies donnaient à ses mœurs une teinte douce. Simple dans ses manières, toutes ses actions respiraient cet air de candeur et de franchise qui n'appartiennent qu'à la vertu.

Ennemi des plaisirs bruyans, il n'en trouva jamais de véritables qu'au milieu de ses Frères. Promu à la place de second Surveillant, il en remplisait les fonctions avec la plus scrupuleuse exactitude. Ami de la regularité, il la faisait scrupuleusement observer sur sa Colonne, mais sans trop de rigidité. S'il se commettait quelques fautes, il reprenait les délinquans avec douceur; ses reproches n'avaient rien d'amer, et n'aigrissaient personne. Hélas ! pourquoi si digne de remplir cette place, ne l'a-t-il occupé que si peu de tems !

Quel spectacle touchant ! l'amitié soupire. Vos fronts sont abattus. La douleur et la tristesse, respirent dans vos regards. O cher ami ! O cher Frère ! la mort fatale a déployé sur toi toute sa fureur; elle n'a pas respecté les nœuds qui nous unis-

saient ; mais l'image de tes vertus restera profon-
dément empreinte dans nos ames. Laisse-nous
graver sur ta tombe les sentimens que tu nous
inspires. L'adulation et la flatterie n'ont jamais
corrompus nos cœurs. Les larmes que nous
répandons, plus que le récit de tes vertus, font
ton éloge ; et, privés du doux plaisir de te voir
parmi nous, il ne nous reste plus qu'à baigner
ton Urne de nos pleurs.

www.ingramcontent.com/pod-product-compliance
Lightning Source LLC
Chambersburg PA
CBHW061823060726
47597CB00008B/3329